DISCOURS

AUX OBSÈQUES DE M. LEPETIT

Avocat, Sénateur,

Doyen de la Faculté de Droit,

LE 2 SEPTEMBRE 1877,

PAR

M. LEVIEIL DE LA MARSONNIÈRE,

Avocat, membre du Conseil de l'Ordre.

POITIERS

TYPOGRAPHIE DE A. DUPRÉ

RUE DE LA PRÉFECTURE.

1877

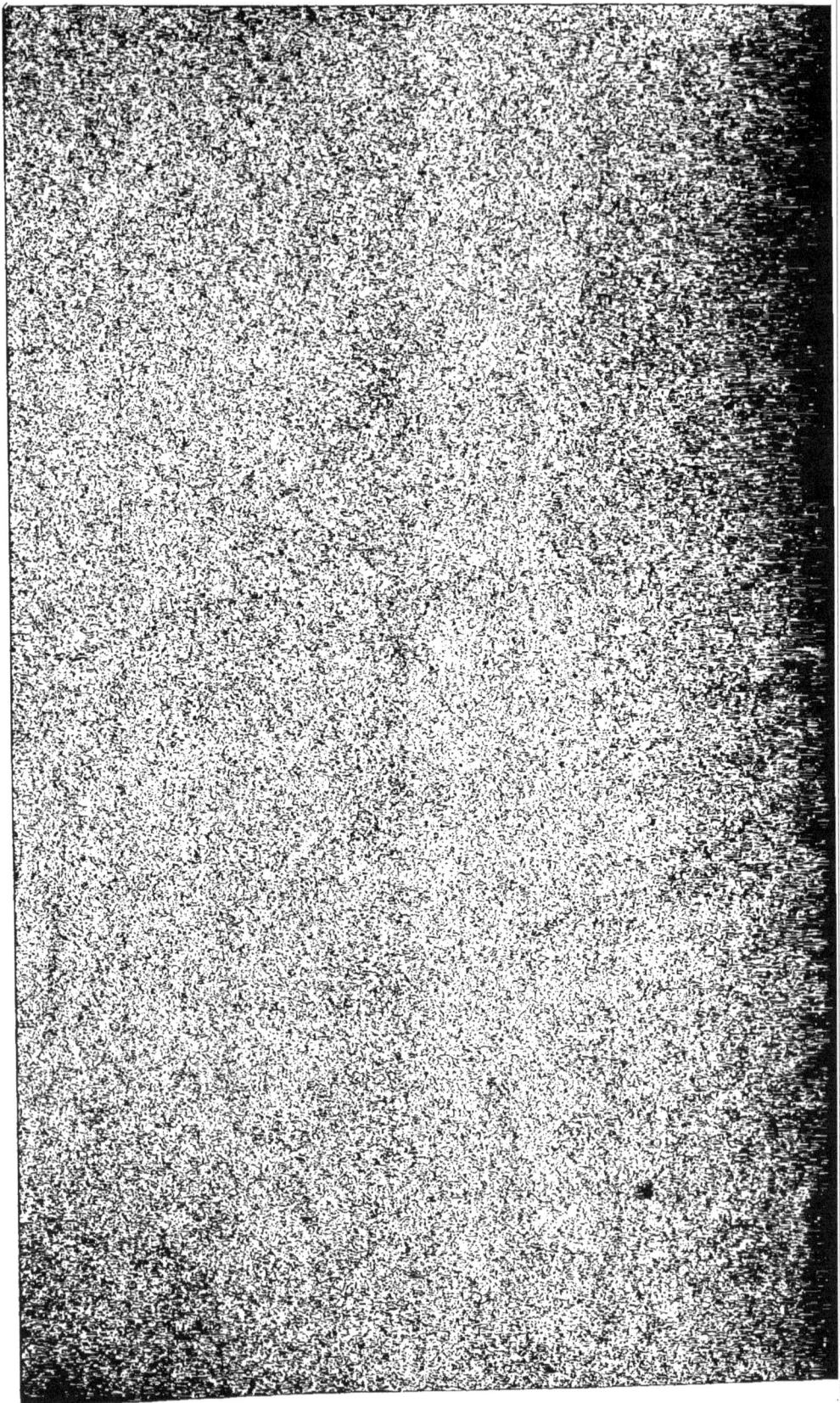

DISCOURS

PRONONCÉ

AUX OBSÈQUES DE M. LEPETIT

Avocat, Sénateur,
Doyen de la Faculté de Droit,

LE 2 SEPTEMBRE 1877,

PAR

M. LEVIEIL DE LA MARSONNIÈRE,

Avocat, membre du Conseil de l'Ordre.

MESSIEURS,

Je viens, au nom du barreau de Poitiers en deuil d'un de ses membres les plus éminents et les plus chers, dire le dernier adieu et rendre le dernier hommage au regretté confrère dont la mort vient de nous séparer. Je viens aussi apporter à une famille désolée, à laquelle nous sommes unis par les liens d'une double confraternité, les consolations que pourra trouver sa douleur dans le sincère et cordial tribut payé à une mémoire qui lui est si précieuse et si chère.

Alphonse Lepetit a fourni, jeune encore, une grande et brillante carrière à laquelle aucun succès n'a manqué. Avocat en 1838, professeur de droit en 1844, adjoint au maire en 1865, chevalier de la Légion-d'Honneur en 1866, doyen de la Faculté de droit en 1871, deux fois bâtonnier de l'ordre en 1859 et en 1873, député de la Vienne en 1874, sénateur inamovible en 1875, il est arrivé, en trente années de services publics, au sommet des plus hautes distinctions auxquelles le talent puisse prétendre.

Il ne nous appartient pas, Messieurs, de suivre Alphonse Lepetit dans toutes les phases de sa carrière si pleine et si brillante. Le deuil que porte le barreau est, avant tout, celui du confrère, et c'est à la mémoire seule de l'avocat que sont réservées les courtes paroles qui nous sont strictement mesurées et par l'usage et par le temps.

Aussi bien est-ce à l'épreuve du barreau que notre confrère s'est préparé à d'autres luttes et s'est révélé pour d'autres destinées.

On peut dire, en effet, de Lepetit, qu'il était avant tout et surtout avocat. Il était véritablement né pour cette profession, où jouent un si grand rôle les dons naturels de l'esprit et de la sensibilité. Sous sa robe d'avocat, il n'a jamais cessé d'être lui-même. Son geste, sa parole, l'expression de sa physionomie, tout était naturel, aisé et concordant. Dans les causes qui prêtaient au sourire, sa gaîté était franche, de bon aloi, parfois piquante, jamais blessante, toujours sans venin, car chez lui les vivacités de l'esprit étaient tempérées par le cœur.

C'est en effet par le cœur qu'il a conquis à l'audience ses plus mémorables succès. Qui ne se souvient de ces plaidoyers émouvants où son cœur, dont il n'était plus le maître, lui échappait en accents attendris et où il souffrait les mêmes douleurs et versait les mêmes larmes que l'innocent ou le pénitent dont il présentait la défense? Chez lui, rien d'étudié, rien de voulu, rien de factice, et sa parole trouvait un surcroît de charme et de vigueur dans l'imprévu. Il sentait avec une vivacité d'impressions en quelque sorte physique, et c'était le secret de ses effets les plus puissants. Il émouvait, parce qu'il était ému, et il faisait pleurer les autres parce qu'il versait lui-même de vraies larmes.

Alphonse Lepetit avait un naturel charmant. Il était spirituel, sensible et bon. C'était le plus agréable confrère, affable, souriant ; hélas ! il conservait encore ce don de sourire, il y a un mois, je m'en souviens, alors qu'il pâlissait sous l'atteinte du mal qui, depuis quelques jours, le couchait sur le lit de douleur d'où il ne devait plus se relever.

Il n'est plus ! Il est mort dans toute la vigueur et dans toutes les grâces de son talent, car son esprit était de ceux qui ont le privilége de ne pas vieillir et de porter encore, dans la maturité, des fleurs à côté de leurs fruits. Il est mort dans la plénitude de son intelligence et de sa force morale, se sentant mourir, ne s'en effrayant pas, et se préparant à ce départ suprême dans tout le calme d'une âme résignée qui se recueille pour l'éternité.

Il est mort, mais non tout entier, car il se survit à lui-même en un fils qu'unissent également à nous les liens de la confraternité. La chaude étreinte de nos mains confraternelles dira à ce fils qu'à côté de la famille dont il est, hélas ! devenu le chef, il possède une autre famille qui ne mourra pas, qui est solidaire de son deuil et qui sera fidèle à la mémoire de celui qu'elle honore, aime et pleure comme lui.

Poitiers. — Typ. de A. Dupré.